TODO CON
HUEVO

DOS:editores

Cookina
   Todo con huevos. - 1a ed. - Buenos Aires : Dos Tintas , 2011.

   1. Cocina. 2. Libros de Recetas. I. Título
   CDD 641.5

© Dos Tintas SA
Balcarce 711
Ciudad Autónoma de Buenos Aires - Argentina
info@doseditores.com

ÍNDICE

INTRODUCCIÓN

INTRODUCCIÓN

El huevo es un ingrediente fundamental en la cocina universal. Se emplea en platos dulces y salados crudo o cocido de distintas maneras.

Por un lado, el huevo es esencial en la repostería donde permite unir ingredientes, dar consistencia a baños y rellenos, formar masas húmedas y esponjosas, etc.

Por otro lado, el huevo es usado para realizar tortillas, omelettes, revueltos o soufflés. Estas presentaciones varían según la cocina y la cultura, pero en todas ellas es imprescindible para coagular, formar y darle consistencia a los demás ingredientes.

También, simplemente hervido, frito o pasado por agua, el huevo se sirve como guarnición o como acompañamiento de carnes, pastas o ensaladas.

A lo largo de estas páginas, además de dedicarle un extenso capítulo a las creaciones dulces que se pueden realizar a partir del uso del huevo, presentaremos un completo recetario de platos fríos y calientes incluyendo budines, soufflés, revueltos, tortillas y omelettes. Estos últimos son elaboraciones tan sencillas y prácticas que sólo con algún ingrediente y los infaltables huevos, podemos presentar un plato en la mesa en pocos minutos.

LOS VALORES NUTRICIONALES

LOS VALORES
NUTRICIONALES

El huevo es un alimento que aporta todas las cantidades que necesitamos a diario de aminoácidos esenciales. Por esta razón es una fuente fundamental para el organismo de proteínas.

Aporta vitaminas del grupo B: 1, 2, 6 y 12. También cuenta con cantidades significativas de vitaminas D y E. Entre los minerales que contiene, el huevo ofrece zinc, fósforo y hierro.

El huevo se puede ingerir completo o separando la yema y la clara. En ambos casos, siempre se pueden obtener nutrientes:

• La mayoría de las vitaminas, minerales y aminoácidos que posee el huevo se encuentran en la yema.

• La clara no es desechable tampoco. Aunque contenga menos proteínas que la yema casi no contiene grasa y tiene cero colesterol.

• Aunque sea una de las principales fuentes de colesterol, el huevo es un alimento que posee pocas calorías y grasas saturadas.

¿CUÁNTOS HUEVOS SE PUEDEN COMER DIARIAMENTE?

Para los nutricionistas ingerir más de 200 mg de grasas saturadas por día es más perjudicial para nuestra salud que ingerir alimentos con colesterol. Esos niveles se alcanzan con un huevo pequeño al día. Por ello si tenemos problemas de colesterol la ingesta de huevos no es recomendada.
En cambio no hay límites para el consumo de claras. Las mismas pueden incorporarse a la dieta de diferentes maneras y en muchos pacientes con problemas de salud es un alimento esencial.

¿CÓMO SE CONSERVAN LOS HUEVOS?

Los huevos deben guardarse refrigerados para evitar la aparición de la bacteria salmonella. La misma puede provocar vómitos, diarreas y dolores abdominales.

Lo más recomendable es, cualquiera sea su manera de ingestión, que los huevos deben cocerse hasta que adquieran firmeza.

SUS USOS

Sin embargo, a pesar de que la clara y la yema posean diferentes características y aportes nutricionales, ambas, por separado, o el huevo completo, tienen varias funciones:

• es coagulante, permitiendo la formación de cremas y flanes.

• sirve para unir y agrupar ingredientes, es decir, facilita la mezcla en tortas, bizcochuelos, budines, etcétera.

• la clara impide que el azúcar se endurezca en diversos baños, rellenos o preparados de repostería. Además, permite espumar distintos batidos que se emplean en merengues, claras a punto de nieve, etcétera.

• la yema tiene las propiedades de colorear algunas preparaciones. También da "solidez" o vuelve espesas a mezclas que se usan como relleno.

RECETAS

FRÍAS Y CALIENTES

SOUFFLÉ VEGETAL

Ingredientes

Espinacas 300 g / Zanahoria 250 g / Chauchas 250 g /
Crema 600 cm³ / Salsa de tomate 200 cm³ / Queso blanco
100 g / Queso rallado 4 cdas. / Puerros 6 / Apio 1 / Huevos 4 /
Sal / Pimienta

Preparación:

• Cocinar las espinacas en agua con sal.
• Cuando el agua rompa el hervor mantenerlas 5 minutos más y retirarlas.
• Escurrir las espinacas y reservarlas.
• Cortar los puerros y picar solo la parte blanca.
• Picar el apio.
• Cortar las zanahorias en rodajitas.
• Hervir estas verduras junto a las chauchas en agua con sal durante 20 a 25 minutos a fuego moderado o hasta que estén tiernas.

- Retirarlas y escurrirlas bien.
- Colocar todas las verduras hervidas (zanahorias, apio, chauchas, puerros y espinacas) en una licuadora y procesarlas suavemente hasta que formen una pasta.
- Colocar las verduras en un bol, agregarles 2 huevos, el queso crema y el queso rallado. Batir todo y reservar.
- Batir dos huevos, salarlos y unirlos con la crema.
- Mezclar bien y unir la crema de huevos a la salsa de tomates.
- Enmantecar un molde para budines.
- Cubrir la base con una capa de crema. Incorporar un tercio de la verdura, una nueva capa de crema, otro tercio de la verdura, el resto de la crema y el resto de la verdura.
- Forrar la budinera con papel de aluminio y cocinar en horno moderado, a baño de María, durante 45 minutos.

CALABAZA SOUFFLÉ

Ingredientes

Calabaza 1,5 kg / Panceta ahumada 150 g / Cebolla 1 / Morrón rojo 1 / Agua / Pan tostado / Sal

Preparación:

- Pelar la calabaza y cortarla en cubos o trozos grandes.
- Cortar la panceta en dados.

- Picar la cebolla y el morrón.
- Colocar la calabaza en una cacerola y agregar agua con sal hasta que cubra los trozos.
- Calentar el aceite en una sartén y rehogar la cebolla, el morrón y los trocitos de panceta.
- Escurrir la calabaza y reservar media taza del agua de cocción.
- Unir en un recipiente la calabaza hervida, el refrito y el agua reservada.
- Procesar con una minipimer hasta obtener una crema espesa.
- Servir acompañado con pan tostado.

ATÚN REVUELTO

Ingredientes

Atún al natural 2 latas /Arroz 500 g / Agua 1,25 l / Pan 150 g / Caldo de verdura 2 cubitos / Aceitunas verdes descarozadas 10 / Aceitunas negras descarozadas 6 / Mayonesa light 6 cdas. / Pepino 1 / Morrón verde 1 / Morrón rojo 1 / Huevos duros 3 / Limones 2 / Sal

Preparación:

- Colocar el agua dentro de una cacerola, salar y calentar.
- Disolver los cubitos de caldo en el mismo.
- Conservar ese caldo a fuego moderado y usarlo para hervir el arroz.
- Retirar cuando el mismo esté listo, mojarlo con agua fría, escurrir y colar.

- Reservar el arroz en la heladera.
- Cortar el pan en rodajas finas, luego en cubitos y, finalmente, tostarlo algunos minutos en una placa para horno a temperatura moderada.
- Exprimir los limones y colar el jugo.
- Cortar los morrones en cubitos, el pepino en rodajitas y las aceitunas en cuartos.
- Picar los huevos duros.
- Dentro de un bol escurrir las latas de atún y desmenuzarlo con un tenedor.
- Añadir la mayonesa y el jugo de limón.
- Agregar el arroz y luego incorporar los morrones, el pepino, las aceitunas, el huevo duro y los cubitos de pan tostado.
- Mezclar todo en una fuente de vidrio, decorar con mayonesa, aceitunas negras y servir.

REVUELTO DE ACELGA

Ingredientes

Acelga 1 kg / Huevos 5 / Manteca 6 cdas. / Pimienta / Nuez moscada / Sal

Preparación:

- Lavar la acelga y hervirla, si es posible al vapor, sino, de la manera tradicional.

- Colarla y procesarla.
- Batir los huevos en un bol y reservarlos.
- Derretir la manteca en una sartén y agregar la espinaca triturada.
- Salpimentar a gusto y agregar nuez moscada.
- Incorporar el batido de huevos.
- Batir para que no se pegue hasta que la preparación adquiera una cierta consistencia.

PUDDING DE PESCADO

Ingredientes

Caballa (o pescado a gusto) 600 g / Queso rallado 6 cdas. / Queso blanco 6 cdas. / Tomates 4 / Claras 3 /Huevo 1 / Cebolla 1/2 / Aceite de oliva 4 cdas. / Sal / Pimienta /Nuez moscada

Preparación:

- Pasar los tomates por agua caliente. Pelarlos, quitarles las semillas y cortarlos en trozos medianos.
- Retirar la caballa de las latas, escurrirla y quitarle algún resto de espinas que pueda tener. Reservar en un bol.
- Picar la cebolla.
- Batir las claras a punto de nieve.
- Calentar aceite en una sartén y sofreír los tomates 7 u 8 minutos.
- Volcar los tomates junto al pescado y, con un tenedor, desarmarlo y desmenuzar la caballa lo más pequeña posible.
- Añadir los dos quesos, el huevo, la nuez moscada, sal y pimienta.

- Mezclar todo y, finalmente, incorporar las claras batiendo apenas, solo para que se unan los ingredientes.
- Si por alguna razón la mezcla quedara algo líquida, se le puede dar consistencia agregando pan rallado.
- Enmantecar y forrar con papel manteca un molde para budines y volcar dentro del mismo la preparación.
- Llevar a horno moderado 30 minutos.
- Dejar enfriar 5 minutos y servir.

ZAPALLITOS REVUELTOS

Ingredientes

Zapallitos 500 g /Huevos 3 / Cebolla 1/2 / Morrón rojo 1/2 / Ajo 1 diente / Aceite / Orégano / Tomillo / Sal / Pimienta

Preparación:

- Picar la cebolla.
- Cortar el morrón en juliana.
- Lavar bien y cortar en cubos los zapallitos.
- Rehogar la cebolla en una cacerola con aceite.
- Añadir el morrón, los zapallitos y los dientes de ajo.
- Condimentar y salpimentar a gusto.
- Tapar y dejar a fuego moderado hasta que se tiernicen los ingredientes.
- En un recipiente batir los huevos y añadirlos a la preparación.
- Mantener la cocción hasta que cuajen los huevos.
- Retirar del fuego, condimentar a gusto si fuese necesario y servir caliente.

GUARNICIÓN DE ACELGA

Ingredientes

Acelga 1,5 kg / Queso blanco 150 g / Jamón cocido 50 g /
Queso rallado 4 cdas. / Aceite 3 cdas. / Ajo 2 dientes / Huevos
2 / Cebolla 1 / Sal / Pimienta

Preparación:

- En una cacerola hervir agua con sal y cocinar la acelga.
- Escurrirla, picarla y reservarla en un bol.
- Picar la cebolla, el ajo y el jamón.
- Calentar el aceite en una sartén y rehogar la cebolla y el ajo.
- Añadir el jamón a la sartén. Cocinar a fuego moderado 5 minutos.
- Unir esta preparación a la acelga.
- En otro recipiente mezclar los huevos con el queso blanco, el queso rallado y salpimentar.
- Batir bien e incorporar al bol con la acelga.
- Volcar toda esta preparación en una fuente para horno.
- Llevar a temperatura moderada durante 20 minutos.
- Es un acompañamiento ideal para carnes rojas o pollos.

SOUFFLÉ FRÍO DE SALMÓN

Ingredientes

Filetes de salmón 750 g / Crema de leche 250 cm³ / Agua 100 cm³ / Vino blanco 50 cm³ / Claras 5 / Aceitunas 6 / Nueces 6 / Ajo 3 dientes / Laurel 1 hoja / Vinagre 2 cdas. / Gelatina sin sabor 1 sobre / Nuez moscada 1 cdita. / Estragón 1 ramita / Sal / Pimienta

Preparación:

- Cortar la hoja de laurel en varios pedazos.
- Picar los dientes de ajo y el estragón.
- Limpiar los filetes y salpimentarlos.
- Colocar a hervir una olla con agua, sal, vinagre, los dientes de ajo, el estragón y la hoja de laurel.
- Llevar a fuego moderado y, desde que alcance el punto de ebullición, conservar 20 minutos hirviendo.
- Incorporar los filetes y cocinar 10 minutos.
- Disolver la gelatina en un bol con el agua.
- Picar las nueces muy chiquitas.
- Batir las claras a punto de nieve.
- Retirar el pescado del agua, escurrirlo, colocarlo dentro de un bol y, con una minipimer, triturarlo hasta convertirlo en un puré.
- Salpimentar ese puré de salmón y añadir nuez moscada.
- Agregar la crema, la gelatina y el vino blanco.
- Incorporar las nueces y las claras y, con mucha suavidad, batir y mezclar todo.
- Colocar la preparación en un molde tipo budinera y llevar 2 horas a la heladera.
- Cortar las aceitunas en cuartos y decorar.
- Es ideal para servir como entrada.

CAZUELA DE PAPAS, PUERROS Y ZANAHORIAS

Ingredientes

Caldo 500 cm³ / Crema 6 cdas. / Zanahorias 4 / Puerros 2 / Papas 2 / Manteca 3 cditas. / Laurel 1 hoja / Sal / Pimienta

Preparación:

• Pelar las papas y cortarlas en cuadraditos.
• Picar finamente el puerro y las zanahorias.
• Derretir la manteca en una sartén y rehogar el puerro y las zanahorias.
• Añadir el caldo, la crema, la hoja de laurel y las papas.
• Cocinar a fuego moderado hasta que se ablanden los ingredientes.
• Retirar la hoja de laurel y procesar la mezcla con una minipimer durante 30 segundos.
• Servir en cazuelas.

TIMBAL DE REMOLACHA

Ingredientes

Remolachas 600 g / Caldo de verdura 350 cm³ / Gelatina sin sabor 1 sobre / Mayonesa 6 cdas. / Mostaza 3 cdas. / Perejil picado 2 cdas. / Sal / Pimienta

Preparación:

- Hervir las remolachas hasta que estén tiernas.
- Pelarlas y procesarlas o pisarlas hasta formar un puré.
- Disolver la gelatina en 2 cucharadas de agua tibia.
- Colocar en una olla la gelatina disuelta y el caldo.
- Salpimentar a gusto.
- Calentar a fuego moderado hasta que rompa el hervor, conservar en ebullición 2 minutos y retirar.
- Mezclar las dos preparaciones y llevar a la heladera durante 3 horas.
- En un bol mezclar la mayonesa, la mostaza y el perejil picado.
- Servir la remolacha en moldecitos individuales junto al aderezo preparado.

REVUELTO DE TOMATE Y CEBOLLA

Ingredientes

Manteca 2 cdas. / Cebolla 1/2 / Tomates perita 2 / Huevos 4 /
Azúcar 1 pizca / Queso rallado 3 cdas. / Orégano / Sal / Pimienta

Preparación:

- Picar la cebolla muy finita.
- Limpiar, pelar, quitar las semillas y trocear los tomates.
- Batir los huevos con un poco de sal.
- Derretir la manteca en una sartén a fuego medio.
- Agregar la cebolla y cocinar hasta que se ponga transparente.
- Añadir los tomates, el azúcar, la sal y la pimienta.
- Cocinar 6 a 8 minutos a fuego moderado.
- Incorporar los huevo batidos, conservar sobre el fuego y batir hasta que la preparación se cuaje.
- Dos minutos antes de retirar del fuego agregar el queso rallado para que se funda.
- Servir espolvoreado con orégano.

HUEVOS RELLENOS REBOZADOS

Ingredientes

Huevos 7 / Atún en aceite 1 lata / Harina

Preparación:

• Reservar un huevo y colocar los otros 6 a hervir durante 12 minutos.

• Retirarlos y enfriarlos.

• Pelar los huevos y cortarlos a la mitad.

• Retirar las yemas y pisarlas dentro de un bol con el atún.

• Con esa pasta se vuelven a rellenar los huevos.

• En otro bol batir el huevo reservado y pasar por allí los huevos rellenos.

• Rebozarlos con harina y freír en una sartén con aceite bien caliente.

HUEVOS SOUFFLÉ

Ingredientes

Harina 125 g / Huevos duros 6 / Huevos 2 / Leche 75 cm³ /
Perejil 1 ramita / Ajo 2 dientes / Aceite / Pimienta / Sal

Preparación:

• Picar los dientes de ajo y la ramita de perejil.

• En un bol mezclar dos huevos, la leche y la harina.

• Añadir el perejil, el ajo y salpimentar a gusto.

• Cortar los huevos duros al medio y pasarlos por la mezcla para
que se cubran completamente.

• Calentar aceite en una sartén y freírlos unos pocos minutos hasta
que se doren.

HUEVOS FRITOS

Ingredientes

Huevos 6 / Salsa blanca 500 cm³ / Pan rallado 200 g /
Pimienta / Sal / Aceite

Preparación:

- Calentar aceite en una sartén y freír 4 huevos de la manera tradicional.
- Salpimentarlos y reservarlos al calor.
- Calentar la salsa blanca, la misma debe estar lo más espesa posible.
- Ayudado por una espátula y un tenedor, sumergir los huevos fritos en la salsa blanca.
- Retirarlos y colocarlos sobre una fuente hasta que se enfríen y se solidifiquen un poco.
- Batir los 2 huevos restantes con un poco de sal.
- Colocar el pan rallado en un plato hondo.
- Cuando estén fríos pasarlos por el huevo batido y luego por el pan rallado.
- Freírlos en una sartén con aceite caliente, unos pocos minutos hasta que se calienten y se dore el pan rallado.

HUEVOS A LA SUIZA

Ingredientes

Huevos 8 / Salsa blanca 250 cm³ / Queso semiduro 200 g / Harina c/n / Huevo para rebozar 2 / Pan rallado / Aceite / Sal / Pimienta

Preparación:

- Hervir los huevos hasta que estén duros, unos 12 minutos.
- Enfriarlos, pelarlos y cortarlos a lo largo separando las claras de las yemas.
- Calentar la salsa blanca.
- Añadir las yemas pisadas y el queso rallado.
- Esperar a que el queso se funda, mezclar y dejar enfriar.
- Rellenar con esta preparación las claras vacías.
- Pasar por harina, por huevo batido y pan rallado.
- Finalmente, freír en aceite caliente hasta que estén dorados.
- Servir caliente.

HUEVOS ESCALFADOS CON GUARNICIÓN DE ESPINACAS

Ingredientes

Espinacas 1 kg / Huevos 2 / Leche 3 cdas. / Manteca 2 cdas. / Pan tostado / Sal / Vinagre

Preparación:

- Cocinar las espinacas en una cacerola con agua y sal.
- Colarlas, escurrirlas y picarlas.
- Luego, en un recipiente, mezclar las espinacas con la leche y la manteca.
- Salpimentar a gusto.
- En una sartén se coloca agua fría, sal y un chorrito de vinagre. Allí

se echan los huevos y se dejan cocer 3 ó 4 minutos hasta que las claras se opaquen.
• Se sirve el plato colocando un colchón de espinacas y un huevo por encima.

BUDÍN DE HUEVOS Y VERDURAS

Ingredientes
Huevos 6 / Tomates 4 / Zapallito 1 / Cebollas 2 / Jamón / Perejil
Aceite / Sal

Preparación:
• Pelar y cortar los tomates en trozos.
• Trocear el zapallito en cubos pequeños y reservar.
Cortar el jamón en juliana.
• Cortar la cebolla en pequeños trozos y ponerla a dorar en una cacerola.
• Añadir los tomates y el zapallito.
• Agregar el jamón y el perejil picado.
• Mantener la cocción a fuego moderado hasta que se evapore el líquido de la cocción.
• Batir los huevos y mezclarlos con la preparación anterior.
• Colocar en una budinera y llevar al horno hasta que se dore la superficie.

OMELETTES Y TORTILLAS

TORTILLA A LA ESPAÑOLA

Ingredientes
Papas 1 kg / Huevos 8 / Chorizo colorado 1 / Leche 400 cm³ /
Aceite / Sal / Pimienta

Preparación:
- Pelar y cortar las papas en bastones.
- Secarlas bien con un repasador o paño seco. Freírlas en abundante aceite caliente, en una sartén. Reservar
- Mezclar los huevos y la leche. Salpimentar.
- Cortar el chorizo colorado en rodajas finas y añadirlos a las papas.
- Luego, mezclar con la preparación de huevos y leche.
- Colocar en una sartén un poco de aceite, calentarlo, y colocar la mezcla, tapar y dejar cocinar sobre fuego muy bajo alrededor de 6 minutos.

- Luego dar vuelta con ayuda de la misma tapa y cocinar del otro lado unos 5 minutos, sin subir el fuego.
- Servir bien caliente.

OMELETTE INDIVIDUAL DE QUESO

Ingredientes:

Huevos 1 / Queso fresco 100 g / Sal / Aceite

Preparación:

- Calentar un chorrito de aceite en una sartén.
- Batir un huevo con sal y, luego, volcarlo dentro de la sartén.
- Cocinar 3 ó 4 minutos hasta que el huevo cuaje y añadir el queso troceado en una mitad del omelette.
- Doblarlo al medio y continuar la cocción hasta que el omelette se dore por un lado.
- Darlo vuelta con la ayuda de una espátula y colocar queso adentro. Doblar el huevo como si fuese un panqueque o crepe. Si lo desea puede ponerle jamón cocido o paleta adentro.

TORTILLA BÁSICA DE PAPAS

Ingredientes

Aceite 200 cm³ / Papas grandes 5 / Huevos 5 /
Cebolla 1 / Sal / Pimienta

Preparación:

- Cortar la cebolla en aros muy delgados.
- Pelar las papas y cortarlas en rodajas finas.
- En un bol batir los huevos y salpimentarlos.
- Calentar todo el aceite en una sartén, pero sin excederse. Tiene que estar tibio.
- Incorporar al aceite las rodajas de papas y de cebolla en capas superpuestas.
- Durante la cocción dar vuelta varias veces las papas y las cebollas.
- No hay que llegar a cocinarlas, solo que ambos ingredientes se doren. Retirar del fuego y separar el aceite.
- Mezclar los huevos con las papas y las cebollas, pero cuidando que estas no se rompan.
- Dejar descansar 15 minutos.
- Colocar 2 cucharadas del aceite reservado en la sartén, incorporar la mezcla de papas y emparejar con una espátula.
- Colocar a fuego moderado hasta que se dore. Dar vuelta con mucho cuidado para que no se rompa la preparación y cocinar hasta que se dore del otro lado.
- Repetir esta operación 2 veces.
- Es ideal como entrada de una comida principal española.

TORTILLA DE HUMITA

Ingredientes

Choclo cremoso 1 lata / Choclo en granos 1/2 lata / Cebolla 1 / Manteca 50 g / Huevos 3 / Yemas 3 / Queso gruyere 70 g / Perejil 3 ramitas / Zanahorias cocidas 3 / Aceite / Sal / Pimienta

Preparación:

• Hervir las zanahorias, cortarlas en pequeñas y finas rodajas y reservarlas.

• Picar el perejil.

• Rallar el queso.

• Picar la cebolla muy fina y rehogarla en una sartén con la manteca.

• Añadir los dos tipos de choclo y cocinar durante 5 minutos.

• En un bol batir los huevos y las yemas. Salpimentar a gusto e incorporar el queso.

• Unir las dos preparaciones.

• Agregar el perejil y las zanahorias.

• Colocar un poco de aceite en una sartén y calentarlo.

• Volcar la mezcla preparada y cocinar por ambos lados hasta formar la tortilla y que la misma se encuentre dorada.

TORTILLA ITALIANA

Ingredientes

Fideos cocidos 250 g/ Salsa blanca 300 cm³ / Queso rallado
100 g / Huevos 8 / Manteca 4 cdas. / Sal a gusto / Pimienta a
gusto

Preparación:

• Derretir la manteca en una sartén y saltear los fideos.

• En un recipiente batir los huevos con la mitad del queso rallado.

• Salpimentar a gusto.

• Añadir los fideos salteados.

• Volcar en la sartén con un poco de aceite caliente.
Mezclar bien y cocinar la tortilla de ambos lados hasta que se dore.

• Retirar de la sartén y colocar en
una fuente de horno redonda.

• Cubrir con la salsa blanca y
espolvorear con el resto del
queso rallado.

• Llevar a horno fuerte,
unos pocos minutos para
gratinar.

TORTILLA INDIVIDUAL DE MORRONES

Ingredientes
Huevos 2 / Morrones verdes 2 / Ajo 1 diente / Aceite c/n
Sal a gusto / Pimienta a gusto

Preparación:

• Picar el diente de ajo.

• Cortar, limpiar y trocear los morrones.

• En una sartén calentar un chorrito de aceite.

• Añadir el ajo y los morrones. Mantener a fuego suave y mientras, batir los huevos con sal y pimienta a gusto.

• Unir ambas preparaciones.

• Cocinar por ambos lados hasta darle forma a la tortilla. Para darla vuelta podemos ayudarnos con un plato, con una fuente o con la tapa de una cacerola.

TORTILLA CON ARVEJAS

Ingredientes
Arvejas frescas 400 g / Huevos 6 / Papas 3 / Queso rallado
125 g / Crema 125 cm³ / Manteca 2 cdas. / Sal / Pimienta

Preparación:

- Pelar las papas y cortarlas en cubos de 2 ó 3 centímetros.
- Hervir las arvejas y las papas en agua y sal. Colarlas y reservarlas.
- Batir ligeramente los huevos con la crema.
- Salpimentar, mezclar con las arvejas y papas hervidas.
- Derretir la manteca en una sartén y volcar la preparación.
- Cocinar a fuego moderado moviendo la sartén para que la tortilla no se pegue.
- Darla vuelta cuando se haya dorado.
- Servir caliente.

OMELETTE DE QUESO Y JAMÓN

Ingredientes

Huevos 2 / Jamón cocido 2 fetas / Queso mantecoso 50 g /
Orégano / Pimienta / Sal

Preparación:

- Picar el jamón y cortar el queso en cubos.
- Mezclar en un recipiente los huevos y el orégano.
- Incorporar el queso y el jamón. Salpimentar a gusto y batir bien.
- Calentar el aceite en una sartén
- Volcar en la sartén el batido de huevos.
- Cuando la cocción haya llegado a un punto medio doblar al medio el omelette y finalizar la cocción.

OMELETTE DE TOMATES Y CEBOLLA

Ingredientes

Tomates 2 / Cebolla 1 / Huevos 6 / Crema 200 cm³ /
Agua 125 cm³ / Aceite 4 cdas. / Sal / Pimienta / Orégano

Preparación:

• Picar la cebolla.

• Pelar y trocear los tomates.

• Calentar el aceite en una sartén y rehogar la cebolla hasta que esté transparente.

• Añadir los tomates, el orégano y salpimentar a gusto.

• Continuar la cocción a fuego moderado durante 8 a 10 minutos y retirar.

• En ese tiempo batir los huevos, la crema y el agua. Salpimentar.

• Calentar aceite en una sartén e incorporar en dos o tres veces partes iguales de la mezcla de huevos y de la mezcla de tomates y cebolla.

• Cuando el omelette comience a tomar consistencia doblarlo al medio y finalizar la cocción dándolo vuelta algunas veces para que no se queme ni se pegue.

• Retirar cuando esté dorado.

OMELETTE DE HONGOS Y JAMÓN

Ingredientes

Huevos 4 / Jamón cocido 100 g / Leche 2 cdas. / Champiñones 75 g / Manteca 4 cdas. / Perejil picado 1 cdita. / Sal / Pimienta

Preparación:

- Lavar los champiñones, escurrirlos y cortarlos en finas láminas.
- Picar o trocear el jamón.
- Derretir la mitad de la manteca en una sartén y, luego, rehogar el jamón.
- Añadir los champiñones y conservar a fuego suave. Reservar.
- Mientras tanto, batir los huevos y la leche.
- Salpimentar a gusto.
- Usando el resto de la manteca, en otra sartén, preparar dos omelettes.
- Cuando el huevo se haya solidificado un poco, verter la mitad de la preparación reservada de jamón y champiñones.
- Cocinar el omelette por ambos lados hasta que se dore según el gusto de los comensales.
- Servir con perejil picado espolvoreado.

OMELETTE DE CHAUCHAS AL LIMÓN

Ingredientes

Chauchas hervidas 400 g / Huevos 6 / Cebolla de verdeo 4 / Limón 1/2 / Manteca 30 g / Sal / Pimienta

Preparación:

- Con estos ingredientes obtenemos 2 unidades de omelettes.
- Picar y rehogar la cebolla de verdeo.
- Exprimir el limón y reservar el jugo.
- Batir los huevos hasta que estén espumosos.
- Salpimentarlos a gusto y rociarlos con jugo de limón.
- Derretir la manteca en una sartén y volcar el batido de huevo.
- Mover suavemente la sartén y, al comenzar a dorarse los bordes de la preparación, añadir la cebolla de verdeo y verter las chauchas en el centro.
- Luego, ayudándonos con una espátula doblamos el omelette y continuamos la cocción hasta que se encuentre bien esponjoso.

OMELETTE DE
ARVEJAS AL VERDEO

Ingredientes

Arvejas 2 latas / Huevos 5 /Cebolla de verdeo 3 /Limón 1/2 /
Manteca 30 g /Sal / a gusto / Pimienta a gusto

Preparación:

• Picar y rehogar la cebolla de verdeo.

• Exprimir el limón y reservar el jugo.

• Batir los huevos hasta que estén espumosos.

• Salpimentarlos a gusto y rociarlos con jugo de limón.

• Derretir la manteca en una sartén y volcar el batido de huevo.

• Mover suavemente la sartén y, al comenzar a dorarse los bordes de la preparación, añadir la cebolla de verdeo y verter las arvejas en el centro.

• Luego, ayudándonos con una espátula doblamos el omelette y continuamos la cocción hasta que se encuentre bien esponjoso.

• Los ingredientes alcanzan para 2 omelettes, dividiendo o aumentando las cantidades podemos variar la cantidad de porciones obtenidas.

TORTILLA DE ESPINACAS AL CHAMPIÑÓN

Ingredientes

Espinaca 1kg / Hongos (champiñones) 250 g / Huevos 8 / Manteca 75 g / Cebolla 1 / Sal gruesa 1 cda. / Queso rallado 5 cdas. / Pan rallado 5 cdas. / Limón 1 / Aceite 6 cdas. / Sal / Pimienta

Preparación:

- Exprimir el limón. Colar y reservar el jugo.
- Lavar y cortar los champiñones en láminas. Reservar.
- Lavar la espinaca. Cocinarla 10 minutos en agua con sal.
- Colarla, escurrirla y triturarla.
- Reservar.
- Picar la cebolla y rehogarla en la manteca caliente, en una sartén.
- Añadir los champiñones.
- Rociar con el jugo de limón y cocinar a fuego moderado.
- Mientras tanto, en un recipiente, mezclar la espinaca, el queso y el pan rallado.
- Agregar los huevos y batir hasta unir esta preparación.
- Salpimentar a gusto.
- Verter sobre la sartén cuando los champiñones estén tiernos.
- Darle forma a la tortilla con una espátula y cocinarla de ambos lados hasta que se dore.

TORTILLA DE ESPINACAS Y JAMÓN

Ingredientes

Espinacas 1 kg / Manteca 50 g / Cebolla 1 / Jamón cocido 220 g / Huevos 8 / Aceite / Nuez moscada / Sal / Pimienta

Preparación:

- Picar la cebolla muy finamente.
- Cocinar las espinacas en agua con sal.
- Colarla, escurrirla y picarla.
- Derretir la manteca en una sartén y rehogar la cebolla picada.
- Añadir el jamón picado.
- Cocinar 3 minutos y agregar la espinaca. Cocer unos 5 minutos y salpimentar a gusto.
- Agregar nuez moscada y retirar del fuego.
- En otro bol batir los huevos con un poco de sal y agregar la preparación anterior.
- Mezclar bien y volcar en una sartén con aceite caliente.
- Revolver desde el centro hacia el borde. Cuando comiencen a solidificar los huevos bajar el fuego y cocinar 5 minutos.
- Dar vuelta la tortilla usando una tapa y cocinar del otro lado.

OMELETTE DE ESPÁRRAGOS AL VERDEO

Ingredientes

Espárragos congelados 400 g / Huevos 6 / Cebolla de verdeo 4 / Limón 1/2 / Manteca 30 g / Sal / Pimienta

Preparación:

- Con estos ingredientes obtenemos 2 unidades de omelettes.
- Picar y rehogar la cebolla de verdeo.
- Exprimir el limón y reservar el jugo.
- Batir los huevos hasta que estén espumosos.
- Salpimentarlos a gusto y rociarlos con jugo de limón.
- Derretir la manteca en una sartén y volcar el batido de huevo.
- Mover suavemente la sartén y, al comenzar a dorarse los bordes de la preparación, añadir la cebolla de verdeo y verter lo espárragos en el centro.
- Luego, ayudándonos con una espátula doblamos el omelette y continuamos la cocción hasta que se encuentre bien esponjoso.

DULCES

BIZCOCHUELO BÁSICO

Ingredientes
Harina 400 g / Manteca 175 g / Azúcar 200 g / Huevos 3 /
Yemas 2 / Esencia de vainilla 1 cda.

Preparación:

• En un recipiente batir la manteca con el azúcar hasta obtener una crema.

• Añadir los huevos y las yemas, y aromatizar con la esencia de vainilla.

• Mezclar y agregar la harina.

• Trabajar la masa a mano hasta que esté homogénea y suave.

• Dejarla reposar una hora en la heladera cubierta con un paño.

• La cocción se debe llevar a cabo en el molde enmantecado y enharinado, durante 35 a 40 minutos, en horno moderado precalentado.

• Desmoldar sobre rejilla y dejar enfriar.

BIZCOCHUELO CASERO

Ingredientes

Harina leudante 250 g / Azúcar 250 g / Cacao en polvo 200 g / Huevos 3 / Crema 200 cm³

Preparación:

• En un bol mezclar todo los ingredientes secos.

• Añadir los huevos y batir.

• Unir la crema y mezclar muy suavemente para reunirla con la preparación, pero sin excedernos en el batido para que la misma no se corte.

• Una vez que la masa sea homogénea, volcarla dentro de un molde enmantecado.

• Llevar a horno moderado a fuerte durante 45 minutos.

• Para saber cuándo está listo, al pinchar con un cuchillo o un palillo, el mismo debe salir seco.

BIZCOCHUELO BASE DE CHOCOLATE

Ingredientes

Harina 000 225 g / Azúcar 225 g / Cacao en polvo 40 g / Huevos 8 / Esencia de vainilla 2 cdas. / Polvo para hornear 1 cdita.

Preparación:

• Batir los huevos junto con el azúcar hasta que se duplique el tamaño de los mismos.

• Añadir esencia de vainilla. Reservar.

• En un bol juntar la harina tamizada, el polvo para hornear y el cacao en polvo.

• Mezclar con un batidor de alambre.

• Unir las dos preparaciones batiendo muy lentamente, para que la mezcla no se baje y se vuelva esponjosa.

• Precalentar el horno a temperatura moderada.

• Enharinar y enmantecar un molde para bizcochuelo.

• Volcar la mezcla preparada y llevar al horno al menos 35 minutos.

• No abrir el horno los primeros 20 a 25 minutos de cocción.

• El bizcochuelo estará listo cuando al pincharlo con un cuchillo o un palillo, el mismo salga limpio.

BIZCOCHUELO DE VAINILLA

Ingredientes

Huevos 12 / Azúcar 375 g / Harina 375 g/
Esencia de vainilla 5 cditas.

Preparación:

• Colocar en un recipiente grande, los huevos y el azúcar.

• Batir a mano o con batidora hasta que aumente su tamaño por lo menos al doble.

• En otro recipiente unir la harina con la esencia de vainilla.

• Agrupar las dos preparaciones de manera muy suave. Mezclar hasta que la combinación sea homogénea.

• Enmantecar un molde y espolvorearlo abundantemente con azúcar.

• Verter la mezcla dentro del molde y espolvorearla con azúcar.

• Llevar a horno moderado precalentado durante 30 minutos o hasta que al clavar un cuchillo en el bizcochuelo, el mismo salga limpio.

BUDÍN DE NARANJA

Ingredientes

Huevos 6 /Azúcar 200 g /Harina 200 g /
Jugo de naranja 6 cditas. / Cáscara de naranja 1

Preparación:

• Rallar la cáscara de naranja.

• Colocar en un recipiente los huevos y el azúcar.

• Batir a mano o con batidora hasta que aumente su tamaño por lo menos al doble.

• En otro recipiente unir la harina con el jugo de naranja y la ralladura de la cáscara.

• Agrupar las dos preparaciones de manera muy suave. Mezclar hasta que la combinación sea homogénea.

• Enmantecar una budinera y espolvorearla abundantemente con azúcar.

• Verter la mezcla dentro del molde y espolvorearla con azúcar.

• Llevar a horno moderado precalentado durante 25 minutos o hasta que al clavar un cuchillo en el budín, el mismo salga limpio.

MOUSSE DE LIMÓN

Ingredientes

Huevos 6 / Limones 4 / Agua 200 cm³ / Crema 175 cm³ /
Leche condensada 1 lata / Gelatina sin sabor 1 sobre / Azúcar

Preparación:

- Separar las yemas y las claras.
- Exprimir los limones y colar el jugo.
- Rallar y reservar la cáscara de uno de ellos.
- Disolver la gelatina sin sabor en un recipiente con el agua caliente.
- Batir la crema con azúcar a gusto.
- En un recipiente unir la leche condensada y las yemas, de a una.
- Mezclar hasta obtener un líquido espumoso.
- Batir las claras a punto de nieve.
- En un bol más grande unir las claras batidas, el jugo y la ralladura de limón, la leche condensada batida, la gelatina disuelta y la crema batida.
- La mezcla debe hacerse de manera muy suave y revolviendo bien luego de añadir cada ingrediente.
- Colocar en copas tipo Margarita y llevar a la heladera al menos 4 horas antes de servir.

MOUSSE DE CHOCOLATE

Ingredientes

Chocolate para taza 250 g /Crema 225 cm³ / Yemas 8 / Claras 8 / Azúcar 16 cdas./ Gelatina sin sabor 1 sobre

Preparación:

• Hervir el agua y disolver la gelatina. Reservar.

• Batir las yemas.

• Disolver el chocolate a baño de María

• Unir las yemas y el chocolate derretido y mezclar.

• Usando una minipimer o un batidor de alambre batir la crema junto al azúcar hasta alcanzar el punto chantillí.

• Batir las claras a nieve con el resto del azúcar.

• Mezclar en un bol grande la preparación de yemas y chocolate, la crema y las claras.

• Unir con suaves movimientos en forma envolvente.

• Volcar esa mezcla dentro de la gelatina y batir suavemente unos minutos.

• Colocar la preparación en copas tipo Margarita y llevar 6 horas a la heladera.

BUDÍN DE PAN AL RON

Ingredientes

Para el budín:
Leche 1 l / Miga de pan 500 g / Azúcar
150 g / Pasas 125 g/ Ron 125 cm³ /
Huevos 4 / Cáscara de limón 1

Para el caramelo:
Azúcar 150 g /
Agua 4 cdas.

Preparación:

• En un bol colocar las pasas en remojo y agregar el ron. Dejar reposar una hora.

• Con los ingredientes mencionados para el caramelo, derretir el azúcar con el agua en fuego moderado y, cuando el caramelo esté listo, caramelizar una budinera para horno.

• Hervir la leche junto al azúcar y la cáscara de limón. Separar una taza del contenido cuando comience a hervir, tapar y dejar a fuego moderado unos minutos más para que el líquido se impregne con el sabor de la corteza de limón.

• Usar la taza de leche reservada para remojar la miga de pan.

• Una vez que el líquido haya sido absorbido pisar la miga de pan, apisonar con un tenedor para que se forme una pasta cremosa y húmeda.

• Escurrir las pasas y añadirlas a la miga de pan húmeda.

• Incorporar los huevos batidos y la leche hervida, sin la cáscara de limón.

• Mezclar y volcar dentro de la budinera caramelizada.

• Llevar a horno moderado alrededor de 1 hora.

• La cocción debe ser a baño de María. Para ello se coloca el molde dentro de una asadera o fuente más grande llena de agua. Si durante la cocción, el agua se va consumiendo se debe ir reponiendo.

MERENGUES

Ingredientes
Claras 8 / Azúcar 475 g / Sal fina 1 pizca

Preparación:
• Batir las claras con una pizca de sal fina hasta que estén consistentes.

• Mientras se bate, ir añadiendo el azúcar.

• Colocar la preparación en una manga con boquilla grande y, sobre una placa enmantecada, hacer círculos que culminen con un copito hacia arriba en el centro.

• Espolvorear con un poco de azúcar y llevar a horno mínimo hasta que el merengue se haya formado.

• La cocción lleva muy poco tiempo y no hay que esperar a que se dore, el merengue está listo aún estando blanco.

• Apagar el horno y dejarlos dentro del mismo 5 minutos.

• Dejar enfriar a temperatura ambiente.

• Además de saborearse solos, los merengues pueden unirse de a dos, por sus bases, con dulce de leche, crema chantillí o crema pastelera.

FLAN

Ingredientes

Azúcar 250 g / Leche 750 cm³ / Agua 250 cm³ / Huevos 4 / Yemas 4 / Esencia de vainilla 2 cditas. / Jugo de limón 1 cdita. / Dulce de leche a gusto / Crema a gusto

Preparación:

- Hervir el agua.
- Preparar un caramelo con 4/5 partes del azúcar, el agua hirviendo y el jugo de limón.
- Cocinarlo en fuego moderado hasta que se espese y se vuelva color ámbar.
- Utilizarlo para acaramelar una budinera.
- Batir, a mano o con una batidora manual, las yemas junto a la leche, los huevos y el azúcar.
- Añadir la esencia de vainilla.
- Volcar la preparación en la budinera.
- Llevar a horno moderado y cocinarlo a baño de María alrededor de 45 minutos.
- Desmoldar cuando se haya enfriado.
- Servir acompañado de dulce de leche y/o crema.

FLAN DE DULCE DE LECHE

Ingredientes

Leche 1 l / Azúcar 150 g / Dulce de leche 4 cdas. /
Vainilla 1 rama / Huevos 3 / Yemas 3

Preparación:

• Colocar la leche dentro de una cacerola. Añadir la vainilla y las 4 cucharadas de dulce de leche.

• Llevarla a fuego moderado hasta que alcance el punto de ebullición.

• Hervir alrededor de 12 minutos y retirar del fuego. Conservar al calor.

• Batir los huevos y las yemas.

• Añadirlos a la leche hervida revolviendo con un batidor de alambre.

• Espolvorear una flanera con azúcar y caramelizarla sobre una hornalla.

• Verter dentro de la misma la leche preparada.

• Llevar la flanera a baño de María durante 35 a 40 minutos.

• Dejar enfriar y desmoldar.

• Servir frío.

BROWNIES

Ingredientes

Harina 200 g / Chocolate 200 g / Manteca 200 g /
Nueces 125 g / Cacao 75 g / Huevos 5 / Esencia de vainilla
2 cditas. / Azúcar 5 cdas.

Preparación:

• Pelar y procesar las nueces.

• Cortar el chocolate en cubos. Unirlo a la manteca en un bol y derretirlo a baño de María.

• Retirar y reservar hasta que se entibie.

• Batir los huevos con azúcar hasta que se aclaren.

• En un bol tamizar la harina e incorporarle el cacao.

• Agregar los huevos y el chocolate.

• Aromatizar con la esencia de vainilla.

• Añadir las nueces.

• Enmantecar y enharinar una placa para horno.

• Volcar la preparación y llevar a horno moderado 20 ó 25 minutos.

• Retirar y dejar enfriar.

• Antes de servir, cortar en cuadrados del tamaño deseado.

BUDÍN INGLÉS

Ingredientes

Manteca 225 g / Azúcar 250 g / Huevos 5 / Harina 250 g /Polvo para hornear 2 cdas./ Pasas de uva (sin semilla) 100 g / Frutas abrillantadas 100 g / Nueces picadas 50 g / Licor 2 cdas.

Preparación:

• Ablandar la manteca al calor.

• Unir en un bol la manteca con el azúcar formando una pasta granulada.

• Añadir los huevos, de a uno.

• Incorporar el polvo para hornear y la harina.

• Mezclar hasta obtener una pasta homogénea.

• Agregar a la masa el licor, las nueces picadas, las frutas abrillantadas y las pasas de uva.

• Volver a mezclar todo.

• Enmantecar y enharinar una budinera. También puede forrarse ese molde con papel manteca.

• Verter la preparación dentro de la budinera y llevar a horno moderado precalentado alrededor de 45 minutos.

ISLA FLOTANTE

Ingredientes

Claras 15 / Azúcar 250 g / Crémor tártaro 1 cdita. / Nueces picadas 125 g / Pasas de uva 125 g / Manteca 2 cdas. / Caramelo
6 cdas. / Harina 6 cdas.

Preparación:

• Enharinar las pasas de uva.

• Colocar las claras en un recipiente grande, añadir una cuchara-
da de azúcar y el crémor tártaro.

• Batir a punto de nieve.

• Espolvorear el resto del azúcar en forma de lluvia. Batir con
energía, al menos 15 minutos, hasta alcanzar un merengue
consistente.

• Enmantecar un molde y luego acaramelarlo.

• Añadir el merengue al molde intercalando capas de pasas de
uva.

• Llevar a horno moderado menos de media hora.

• Dejar enfriar, desmoldar y servir con un chorrito de caramelo y
nueces picadas.

GLOSARIO

GLOSARIO

Aceitunas: Olivas
Alcauciles: Alcachofas
Ananá: Piña
Anchoa: Boquerón
Arveja: Guisante
Banana: Plátano
Batata: Papa dulce
Bife: Filete
Brócoli: Brécol
Cacerola: Olla, cazo
Carozo: Hueso
Carne picada: Carne molida
Cebollita de verdeo: Cebolla de rabo
Chaucha: Judía verde
Choclo: Maíz
Ciboulette: Cebollín, cebolleta
Crema de leche: Nata
Damasco: Albaricoque
Fideos: Pasta seca
Filete: Lomo
Jugo: Zumo
Lata: Bote
Manteca: Mantequilla
Morrón: Pimiento, ají
Papa: Patata

Pimentón: Páprika

Pimienta: Pebre

Pizca: Pellizco

Repollitos de Bruselas: Coles de Bruselas

Rodaja: Rebanada

Salpicón: Plato frío con carne

Semillas: Pepita

Soja: Soya

Tomate: Jitomate

Torta: Pastel

Zapallito: Calabacín

Zapallo: Calabaza

Zucchini: Zapallito largo

77833037R20036